Löffelkerlchen Botschafter

Gratulieren, trösten, Danke sagen – Gelegenheiten gibt es viele, bei denen ein niedlicher Löffelbotschafter zum Einsatz kommen kann. Eine Giraffe hat einen dicken Schal um den langen Hals gebunden und bringt ein Lächeln auf die Lippen jedes Grippe Geplagten, ein frecher Rabe gibt eine kleine Finanzspritze und ein weit gereister Matrose sagt nicht nur an der Nordseeküste „Ahoi"!

Löffelkerlchen basteln ist Spaß für Groß und Klein, denn die kecken Kerlchen sind ganz anspruchslos: Sie brauchen nur etwas Papier, Draht, Filz, Farbe, Klebstoff und natürlich einen Kochlöffel, schon ist das kleine Geschenk fertig. Ob pur oder in einem Blumentopf, einem Blumenstrauß oder einer Torte überreicht, die farbenfrohen Gesellen werden Sie begeistern.

Ihre Pip Pedrillo

Die Motive lassen sich in folgende Schwierigkeitsgrade unterteilen:

●○○ einfach ●●○ etwas schwieriger ●●● anspruchsvoll

IHRE GRUNDAUSSTATTUNG

Diese Materialien und Werkzeuge werden häufig verwendet. Sie sollten sie zur Hand haben, denn sie werden in den Materiallisten nicht gesondert aufgeführt.

- festes Transparentpapier für Schablonen
- Kohlepapier
- Filzstift in Rot und Schwarz (für die Innenlinien)
- Lackmalstift in Weiß
- Buntstift in Rot
- weicher Bleistift und Radiergummi
- Hartkleber, Klebestift, Heißklebepistole und Holzleim, z. B. UHU
- mittelgroße, spitze Schere und Nagelschere
- Cutter mit geeigneter Schneideunterlage
- Lochzange
- verschiedene Pinsel
- Wasserglas, Plastikteller
- Nadel und Faden
- Prickelnadel mit weicher Unterlage
- Klebepads oder Abstandsband
- feines Schmirgelpapier
- Schaschlikstäbchen
- evtl. Messer
- evtl. kleine Holzsäge
- Bohrmaschine

Hinweis: Die Größen und Formen der Kochlöffel variieren je nach Hersteller etwas. Es kann daher zu Abweichungen von bis zu 5 mm kommen. Die Angaben im Buch sind daher nur Richtwerte.

Mit „Rest" ist immer ein Stück gemeint, das max. A5 groß ist.

So wird's gemacht

1 Das Transparentpapier über das gewünschte Motiv auf dem Vorlagenbogen legen und alle Teile ohne Überschneidungen übertragen, die später an den Löffel geklebt oder aufgemalt werden. Diese Schablonen auf Tonkarton oder Filz auflegen, mit Bleistift bzw. einem Kugelschreiber umfahren und die Teile ausschneiden. Aufgemalte Linien mit einem untergelegten Kohlepapier direkt auf den Löffel pausen oder die Vorlage auf Transparentpapier zeichnen, das Blatt wenden, die Linien mit einem weichen Blei- oder Buntstift nachziehen und diese Seite auf den Löffel legen. Mit einem Stift alle Linien noch einmal nachzeichnen, so wird die Zeichnung übertragen.

2 Die eventuell angegebenen Löcher bohren und die Ränder mit Schmirgelpapier glätten. Für leuchtende Farben den Löffel zuerst mit Weiß grundieren und dann die einzelnen Farben auftragen. Mit der Kelle beginnen und jede Farbe gut trocknen lassen, bevor die nächste aufgetragen wird. Den Löffel zum Trocknen in ein Gefäß stellen. Die Punkte mit der Rückseite eines Schaschlikstäbchens auftupfen und die Streifen mit einem entsprechend breitem Pinsel ziehen. Größere Punkte, wie jene an den Seiten der Mundlinie, mit der Pinselrückseite auftupfen.

3 Ausgeschnittene Tonkartonteile an- bzw. aufkleben. Die Innenlinien mit feinem Filzstift aufzeichnen, mit einem feinen Pinsel aufmalen und die Wangen rot einfärben. Dazu mit einem Messer oder feinem Schmirgelpapier etwas Farbe von einer Buntstiftspitze schaben und das Pulver mit den Fingern verreiben.

Hinweis: Alle Figuren tragen beschriftete Schilder. Diese sind meist mit einem andersfarbigen Kartonstück unterlegt. Dazu das weiße Schildteil zuschneiden, auf ein größeres Stück andersfarbigen Karton aufkleben und diesen dann so zuschneiden, dass rundum ein Rand von 1 mm bis 1,5 mm stehen bleibt.

Tipps und Tricks

- Als Nase ein Tonkartonstück ankleben oder eine bemalte Holzplatine bzw. einen bunten Pompon aufsetzen.
- Einen plastischen Effekt erzielt man, wenn Teile mit Abstandspads unterlegt werden, wie z. B. die Kartonnase.
- Das Weiß der Augen kann mit Acrylfarbe aufgemalt werden oder man klebt kleine weiße Tonkartonkreise auf. Lichtreflexe werden mit einem weißen Lackmalstift aufgemalt. Auch aufgeklebte Wackelaugen sehen manchmal hübsch aus.
- Kleine Rundungen schneidet man am leichtesten mit einer Nagelschere, gerade Schnitte mit einem Cutter auf einer geeigneten Unterlage. Kleine Teile lassen sich leichter aus Tonpapier zuschneiden.
- Die Einzelteile vorsichtig mit Heiß- oder Hartkleber fixieren. Dieser trocknet langsamer. Zum Kleben von Filz eignet sich besonders gut Holzleim, für Papier und Kartonteile Hartkleber.
- Papierteile können aus farbigem Tonkarton gefertigt werden oder aus weißem, den man dann bemalt. Dadurch erhält man eine optimale Abstimmung mit dem restlichen Motiv.
- Findet man den farblich passenden Papierdraht nicht, kann man auch hellen Papierdraht in der gewünschten Farbe bemalen.
- Wenn man den Löffel zuerst mit einem feinen Schmirgelpapier schön glättet, lässt sich die Farbe gleichmäßiger auftragen.

Schmetterling

→ kunterbunt und fröhlich

1 Den Löffel auf eine Gesamtlänge von 23 cm kürzen und die Kelle gelb und den Stiel orangefarben bemalen. Die Gesichtslinien übertragen, die Haube violett ausmalen und am Stiel die pinkfarbenen Streifen ziehen. Die Nase aufkleben und die Innenlinien zeichnen.

2 Die türkisfarbenen Flügel auf helltürkisfarbenen Tonkarton kleben und diesen mit einem schmalen Rand ringsum ausschneiden. Die Herzen nur am unteren Ansatz fixieren und alle Punkte auftupfen. Die Flügel an der Stielrückseite fixieren.

3 Die Wäscheklammern hellgrün bemalen, nach dem Trocknen die gelben Streifen ziehen und an der Stielvorderseite ankleben. Die Holzblumenköpfe mit pink gemaltem Mittelpunkt aufsetzen. Die Briefchen aus Tonpapier falten, beschriften und einklammern.

4 Die Aludrahtstücke mithilfe eines Schaschlikstäbchens eindrehen und hinter dem Köpfchen ankleben. An den Enden zwei Herzchen fixieren.

5 Den Nylonfaden hinter die Flügel kleben und daran den Schmetterling aufhängen.

MOTIVBREITE
ca. 24 cm

MATERIAL

- Holzkochlöffel mit runder Kelle, ø 6 cm, 35 cm lang
- Acrylfarbe in Gelb, Violett, Orange, Pink und Hellgrün
- Tonkartonreste in Pink, Helltürkis und Türkis
- Tonpapierrest in Hellblau
- 3 Holzwäscheklammern, 4,5 cm lang
- 3 Holzblumen in Gelb, ø 2,2 cm
- Aludraht in Schwarz, ø 1 mm, 2 x 10 cm lang
- Nylonfaden, 40 cm lang

VORLAGENBOGEN 1A

Schutzengel

→ kecker Himmelsbote

MOTIVHÖHE
ca. 34 cm

MATERIAL
- Holzkochlöffel mit runder Kelle, ø 4,5 cm, 32 cm lang
- Acrylfarbe in Hautfarbe, Weiß, Rot und Braun
- Tonkartonreste in Hautfarbe, Gelb, Weiß, Grün und Schwarz
- Filzrest in Hellgrün
- Chenilledraht in Rot, 18 cm lang
- 2 Holzhände, 2 cm lang
- Plastikhalbperle in Schwarz, ø 8 mm

VORLAGEN-BOGEN 1B

1 Die Löffelkelle hautfarben bemalen, den Stiel weiß und nach dem Trocknen die roten Streifen ziehen. Die Ohren ankleben und alle Gesichtsinnenlinien malen. Das braun bemalte Haarteil leicht nach vorne wölben, mittig ankleben und den Stern daran fixieren.

2 An die Chenilledrahtenden die Holzhände kleben, diese Ärmchen am Löffelstiel ankleben und darunter die beiden Flügel setzen. Das schwarze Lenkrad vorne aufsetzen, die Arme zurechtbiegen und am Lenkrad fixieren. Dort mittig die schwarze Halbperle aufkleben.

3 Das weiße Schild auf grünen Tonkarton kleben, mit schmalem Rand ausschneiden, beschriften und anbringen. Den hellgrünen Filzschal umbinden.

Eule

→ für glanzvolle Leistungen

MOTIVHÖHE
ca. 33 cm

MATERIAL
- Holzkochlöffel mit runder Kelle, ø 4,5 cm, 32 cm lang
- Acrylfarbe in Schwarz, Hellbraun, Weiß, Gelb und Orange
- Tonkartonreste in Weiß, Schwarz und Gelb
- Tonpapierrest in Grün
- Blumendraht in Schwarz, 2 x 10 cm lang
- Plusterfarbe in Gelb
- dünnes Ästchen, ca. 12 cm lang

VORLAGEN-BOGEN 1B

1 Kartonflügel und -ohren an die Löffelschale kleben, alles zusammen weiß bemalen, die Flügelspitzen leicht hellbraun schattieren und den Stiel anmalen. Das Gesicht malen und den Hut aufsetzen.

2 Jedes Tonpapierblatt an der vorgezeichneten Linie einschneiden und die beiden Teile an der Schnittlinie leicht übereinanderschieben und zusammenkleben, so dass eine leichte Wölbung entsteht. Am Ästchen ankleben und dies so am Stiel fixieren, dass die Eule darauf zu sitzen scheint. Die gelben Krallen sowie die Federn auf dem Eulenkörper mit Plusterfarbe auftragen.

3 Das Schild mit gelbem Tonkarton unterlegen und beschriften. Beidseitig den Blumendraht durchstechen, die doppelten Stücke miteinander verdrehen und an den dünnen Ast hängen.

Clown

→ Gute-Laune-Macher

MOTIVHÖHE
ca. 45 cm

MATERIAL

- Holzkochlöffel mit runder Kelle, ø 6 cm, 40 cm lang
- Acrylfarbe in Hautfarbe, Weiß, Rot, Hellblau, Schwarz und Pink
- Tonkartonreste in Hautfarbe, Weiß, Hellblau, Violett und Schwarz
- Regenbogentonkartonreste in Gelb-Orange und Hellgrün-Grün
- Chenilledraht in Orange, 16 cm lang
- Plüschpompon in Gelb, ø 7 mm
- Rohholzhalbkugel, ø 2 cm
- 2 durchbohrte Rohholzkugeln, ø 1,8 cm
- Schaschlikstäbchen, 2 x 7 cm lang
- Aludraht in Schwarz, ø 1 mm, 1 x 6 cm, 1 x 20 cm lang
- Motivlocher: Blüte

VORLAGENBOGEN 2A

1 Das ganze Gesicht hautfarben bemalen und nach dem Trocknen die weiße Mundpartie auftragen. Die rot bemalte Halbkugelnase aufkleben und die Innenlinien zeichnen. Seitlich an der Löffelrückseite die Ohren fixieren und die Haarteile ankleben. Den kleinen Zylinder mit hellblau gemaltem Band anbringen. Das kurze Aludrahtstück zurechtbiegen, die Blüte mit gelber Pomponmitte aufsetzen und hinter der Kelle fixieren.

2 Den Stiel ca. 10 cm weiß bemalen, den Rest pinkfarben. Nach dem Trocknen die schwarzen Streifen ziehen und die hellblauen Punkte auftupfen. Den Chenilledraht am Stiel fixieren und die Hände aus Tonkarton aufkleben, leicht umbiegen und in die so entstandenen Handflächen die Trommelstöcke kleben. Dafür die Holzkugeln auf ein Stück Schaschlikspieß kleben und alles schwarz anmalen. Die große Clownfliege fixieren und hellblaue Punkte auftupfen.

3 Das Muster auf die Trommel malen, das hellblau unterlegte ovale Schild beschriften, das längere Stück Aludraht beidseitig durchstechen – die Löcher vorher mit einer Prickelnadel einstechen –, die Aludrahtenden verdrehen, über den Stiel schieben und an der Kellenrückseite ankleben.

Motivvariante: Das Clownköpfchen allein mit einer lieben Botschaft ist ein reizender Blumenstecker.

HAPPY BIRTHDAY
TO YOU!

MOTIVHÖHE
Baby ca. 39 cm
Storch ca. 47 cm

MATERIAL
BABY
- Holzkochlöffel mit runder Kelle, ø 6 cm, 32 cm lang
- Acrylfarbe in Blau, Hellblau, Hellgrün, Hautfarbe und Gelb
- Tonkartonreste in Weiß und Pink
- Plüschpompon in Rot, ø 5 mm
- Papierdraht in Weiß, 2 x 3 cm lang, 3 x 2 cm lang
- kleiner Briefumschlag, 10 cm x 6 cm

STORCH
- Holzkochlöffel mit runder Kelle, ø 6 cm, 40 cm lang
- Acrylfarbe in Weiß, Grau, Rot, Violett und Hellgrün
- Tonkartonreste in Pink, Hellrosa, Gelb, Violett, Rot und Weiß
- durchbohrte Rohholzkugel, ø 1 cm
- 5 bunte Holzperlen, ø 8 mm
- Satinband in Gelb, 20 cm, und in Violett, 14 cm lang, je 4 mm breit
- Bast in Natur
- Zahnstocher
- Zackenrandschere
- Bohrer, ø 1,5 mm

VORLAGENBOGEN 2B

Das Baby ist da!

→ verkünden und beschenken

Baby

1 Das Tonkartonstück für die Windelschleife sowie die Löffelkelle hellblau anmalen, den Stiel gelb. Nach dem Trocknen die Schleife mit der dunkleren Mitte aufkleben und mit der Rückseite eines Schaschlikstäbchens die hellgrünen Punkte auftupfen.

2 Gesicht, Ohren, Hände und die Papierdrahtstücke für die Arme hautfarben bemalen, den Nasenpompon aufkleben und das Gesicht gestalten. Die Ärmchen an der Rückseite fixieren und die Händchen aufsetzen. Als Haare die kurzen, gelb bemalten Papierdrahtstücke anbringen und das Köpfchen mit etwas Abstandsband auf die Löffelkelle kleben.

3 Ein pinkfarbenes Herz auf den Umschlag kleben, diesen beschriften und unter die Handflächen kleben.

Storch

1 Das Loch im Stiel bohren, die Löffelkelle weiß und den Stiel hellgrün bemalen. Den weißen Storchenkopf gestalten und an der Schalenrückseite ankleben. Den Schnabel mit gezeichneter Mittellinie dahinter fixieren. Die Linie ca. 5 mm lang mit einem Cutter einschneiden und das violette Satinband durchziehen. Seine Enden hinter das pinkfarbene Bündel kleben. Diesem mit der Rückseite eines Schaschlikstäbchens violette Punkte auftupfen und das beschriftete Namensschild – rosafarben unterlegt – aufkleben.

2 Etwas Bast bündeln, mittig zusammenbinden und am Stiel ankleben. Den Flügel weiß bemalen und zu den Spitzen hin leicht grau schattieren. Mit Abstandsband aufsetzen.

3 Den Zahnstocher auf ca. 3 cm kürzen, in das Bohrloch kleben und die bemalte Holzkugel mit Klebstoff aufschieben. Ein schönes Babyfoto hinter einem weißen Passepartoutrahmen fixieren, alles zusammen auf violetten Tonkarton kleben und den vorschauenden Rand zackig schneiden. Die bunten Holzperlen auf das Satinband fädeln, diese beidseitig hinter dem Foto ankleben und an den Zahnstocherhaken hängen. Das beschriftete Schild dazukleben.

LISA
HURRA, DAS BABY IST DA!
FÜR KLEIN-ALEX

Brautpaar

→ für die Hochzeitstorte

MOTIVHÖHE
ca. 18 cm

MATERIAL

- 2 Raclettespachteln, 13 cm lang
- Acrylfarbe in Weiß, Haut, Schwarz, Gelb, Rosa, Rot und Grau
- Tonkartonreste in Weiß, Schwarz, Rot und Gelb
- Tonpapierrest in Blau
- 2 Holzplatinen, ø 2,5 cm
- 4 durchbohrte Rohholzkugeln, ø 8 mm
- 4 Holzfüße, 2 cm lang
- 2 Herzen in Rot, ø 2 cm
- Papierdraht in Natur, 2 x 10 cm, 4 x 3 cm und 2 x 5 cm lang
- Filzstift in Hellblau

VORLAGENBOGEN 1B

1 Beide Spachtel weiß bemalen und die roten Herzen aufkleben. Einen Spachtelgriff schwarz übermalen und nach dem Trocknen die weißen Streifen ziehen. Die Holzplatinen hautfarben bemalen – dem Bräutigam die Ohren dahinter festkleben und ebenso anmalen – und die Gesichtchen gestalten.

2 Ein ca. 5 cm langes, mittig geknicktes und zusammengedrehtes Papierdrahtstück an der Rückseite des Spachtelgriffes fixieren und am vorschauenden Ende mit Heißkleber die Platinenköpfchen aufsetzen. Das Haarteil an der Rückseite anbringen, die Blume und den Zylinder an der Vorderseite.

3 Die Papierdrahtarme weiß bzw. schwarz bemalen, die hautfarbenen Holzkugeln mit etwas Klebstoff aufschieben und am Stiel ankleben.

4 Bei der Braut das mit Filz- und Lackmalstift bemalte Kleidchen und beim Bräutigam den Frack auf den Griff kleben und den weißen Kragen bzw. die rote Fliege darüber setzen. Die Beinchenstücke in die Holzfüße kleben, diese in der entsprechenden Farbe bemalen und hinter das Kleidchen bzw. hinter dem Spachtel fixieren. Das große Herz zuschneiden und je ein Händchen des Braupaares daran festkleben.

Tipp: **Das Brautpaar kann auch als Türschild gefertigt werden: dafür die Raclettespachteln unten leicht zusammenkleben und hinter den Köpfchen Draht oder Band zum Aufhängen befestigen. Auf die Herzen können die Namen der Neuvermählten geschrieben werden.**

Koch

→ für Rezepte und Einkaufslisten

MOTIVHÖHE
ca. 40 cm

MATERIAL
- Holzkochlöffel mit runder Kelle, ø 6 cm, 32 cm lang
- Acrylfarbe in Hautfarbe, Dunkelbraun, Weiß, Rot und Hellblau
- Tonkartonreste in Hautfarbe und Weiß
- Filzrest in Hellblau
- Papierdraht in Natur, 6 x 6 cm lang
- Holzplatine, ø 1,5 cm
- Schaschlikstäbchen, 20 cm lang
- 2 durchbohrte Rohholzkugeln ø 1,8 cm
- 3 Holzherzen in Rot, ø 1,5 cm
- 3 Holzwäscheklammern, 4,5 cm lang
- Holzstück, 1,5 cm stark, 10 cm x 6 cm
- durchbohrte Rohholzhalbkugel, ø 4 cm (Loch ø 1,5 cm)
- Knopf in Lila, ø 1,5 cm
- Bohrer, ø 2 mm

VORLAGEN-BOGEN 2A

1 Das Loch in den Stiel bohren, Löffelkelle und Holzkugeln hautfarben, Stiel und Schaschlikstäbchen weiß bemalen. Die dunkelbraun bemalten Papierdrahtlocken – den Draht vorher eng um das Schaschlikstäbchen wickeln und etwas auseinanderziehen – und die Ohren hinter der Löffelkelle ankleben. Die Schnurrbartteile dunkelbraun anmalen, aufkleben und die rot bemalte Holzplatine darüber fixieren. Das Gesicht gestalten. Die weiße Kochhaube weiß anmalen, ihre Ränder leicht hellblau schattieren und aufsetzen.

2 Das Schaschlikstäbchen durch das Bohrloch schieben, an den Enden etwas Klebstoff auftragen und mit einer aufgeschobenen Holzkugel schließen. Etwas Papierdraht durch die Knopflöcher ziehen und den Knopf am Stiel fixieren. Dem Koch das Filztuch umbinden und es mit einem Schaschlikstäbchen mit weißen Tupfen versehen.

3 Die Wäscheklammern blau anmalen, je ein Herz aufsetzen und sie an das Stäbchen klammern bzw. direkt an den Löffelstiel kleben. Daran können Botschaften oder Notizen geklammert werden.

4 Die Halbkugel mittig auf die Holzbasis leimen, alles zusammen blau anmalen und an den Seitenrändern weiße Streifen ziehen. Den Koch mit Holzleim einkleben und bunte Küchengewürze anhängen.

Tipp: Ohne Fuß gebastelt kann der Koch auch ins Fenster gehängt werden.

Heute
gibt's
Pizza
...selbst
gemacht

Katz' und Maus

→ was sich neckt …

MOTIVHÖHE
40 cm

MATERIAL
- Holzkochlöffel mit runder Kelle, ø 6 cm, 40 cm lang
- Acrylfarbe in Weiß, Hellgrün, Gelb, Pink, Orange, Hellblau, Grau und Schwarz
- Tonkartonreste in Gelb und Weiß
- Tonpapierrest in Hellgrau
- Bastelholz, 2 cm breit, 15 cm lang
- Holzblume in Orange, ø 2,2 cm
- Holzgießkanne und -eimer, ca. 5 cm hoch
- 3 Holzwäscheklammern, 4,5 cm lang
- Schleifenband in Grün-Weiß kariert, 1 cm breit, 30 cm lang
- Blumendraht in Schwarz, 6 x 5 cm und 3 x 10 cm lang

VORLAGENBOGEN 3A

1 Den gesamten Löffel und das Bastelholz weiß bemalen und nach dem Trocknen die schwarzen Fellflecken auftragen und das Gesicht gestalten. Die gelben Augenkreise malen, grün umranden und zum Schluss die schwarze Pupille auftragen. Die Ohren und quer zum Stiel das Bastelholz ankleben. Das geknüpfte Schleifenband ankleben.

2 Die grauen Mäuseköpfchen gestalten und auf die bemalten Wäscheklammern kleben. Barthaare und Schwänzchen aus Blumendraht fixieren. Zwei Mäuschen direkt am Stiel festkleben, das dritte ans Bastelholz klammern.

3 Die kleinen Gartengeräte bunt bemalen und anhängen. Das gelbe Schild bemalen und nach dem Trocknen beschriften, die Holzblume aufkleben und die Botschaft anklammern.

Motivvariante: Haben Sie jemanden verärgert? Dann basteln Sie ihm einfach Katz' und Maus! Dafür wird ein ca. 50 cm langes Drahtstück als Mäuseschwanz festgeklebt und um den Löffelstiel geschlungen. Der Löffelbotschafter kann in einem Blumenstrauß oder Pflanztopf überreicht werden.

Löffel-kerlchen

Katz' und Maus

→ was sich neckt ...

MOTIVHÖHE
40 cm

MATERIAL

- Holzkochlöffel mit runder Kelle, ø 6 cm, 40 cm lang
- Acrylfarbe in Weiß, Hellgrün, Gelb, Pink, Orange, Hellblau, Grau und Schwarz
- Tonkartonreste in Gelb und Weiß
- Tonpapierrest in Hellgrau
- Bastelholz, 2 cm breit, 15 cm lang
- Holzblume in Orange, ø 2,2 cm
- Holzgießkanne und -eimer, ca. 5 cm hoch
- 3 Holzwäscheklammern, 4,5 cm lang
- Schleifenband in Grün-Weiß kariert, 1 cm breit, 30 cm lang
- Blumendraht in Schwarz, 6 x 5 cm und 3 x 10 cm lang

VORLAGEN-BOGEN 3A

1 Den gesamten Löffel und das Bastelholz weiß bemalen und nach dem Trocknen die schwarzen Fellflecken auftragen und das Gesicht gestalten. Die gelben Augenkreise malen, grün umranden und zum Schluss die schwarze Pupille auftragen. Die Ohren und quer zum Stiel das Bastelholz ankleben. Das geknüpfte Schleifenband ankleben.

2 Die grauen Mäuseköpfchen gestalten und auf die bemalten Wäscheklammern kleben. Barthaare und Schwänzchen aus Blumendraht fixieren. Zwei Mäuschen direkt am Stiel festkleben, das dritte ans Bastelholz klammern.

3 Die kleinen Gartengeräte bunt bemalen und anhängen. Das gelbe Schild bemalen und nach dem Trocknen beschriften, die Holzblume aufkleben und die Botschaft anklammern.

Motivvariante: Haben Sie jemanden verärgert? Dann basteln Sie ihm einfach Katz' und Maus! Dafür wird ein ca. 50 cm langes Drahtstück als Mäuseschwanz festgeklebt und um den Löffelstiel geschlungen. Der Löffelbotschafter kann in einem Blumenstrauß oder Pflanztopf überreicht werden.

Löffel-kerlchen

Guten Morgen

→ so fängt der Tag gut an!

MOTIVHÖHE
Sonne ca. 25 cm
Teefrau ca. 35 cm

MATERIAL SONNE
- Holzkochlöffel mit runder Kelle, ø 6 cm, 35 cm lang
- Acrylfarbe in Gelb und Hellblau
- Tonkartonrest in Gelb
- Aquarellkartonrest in Weiß

TEEFRAU
- Holzkochlöffel mit runder Kelle, ø 6 cm, 32 cm lang
- Acrylfarbe in Hellbraun, Hellblau, Schwarz und Gelb
- Tonkartonrest in Hellblau
- Filzrest in Hellblau
- Organzabeutel in Gelb, 12 cm x 16 cm
- Papierdraht in Schwarz, 18 x 10 cm lang
- 2 durchbohrte Rohholzkugeln, ø 1,8 cm
- Rohholzkugel, ø 1 cm
- 2 Holzwäscheklammern, 4,5 cm lang
- 2 Holzvögel in Gelb, 1,2 cm hoch
- Schaschlikstäbchen, 18 cm lang
- Friesenbaumfuß, ca. 1,5 cm stark, 9 cm x 6,5 cm
- Plusterfarbe in Gelb
- Teebeutel, Kandiszucker, Zuckerstäbchen
- Bohrer, ø 2 mm

VORLAGENBOGEN 3A

Sonne

1 Den Löffel auf ca. 25 cm Gesamtlänge kürzen. Die Löffelkelle gelb und den Stiel hellblau bemalen. Den Strahlenkranz aus Tonkarton schneiden, die gelben Mittellinien mit dem Pinsel ziehen und den Kranz hinter die Kelle kleben.

2 Die Gesichtslinien mit Filzstift zeichnen und Wangen und Nase mit rotem Buntstift einfärben.

3 Die Wolken aus Aquarellkarton schneiden, beschriften und aufkleben.

Teefrau

1 Das Loch in den Stiel bohren, die Holzperle als Nase aufkleben und zusammen mit der Löffelkelle hellbraun anmalen, den Stiel gelb. Das Gesicht gestalten. Die Papierdrahtstücke um ein Schaschlikstäbchen wickeln, etwas auseinanderziehen und diese Locken mit Heißkleber auf der Kelle fixieren. Die Filzschleife aufsetzen und mit Plusterfarbe gelbe Tupfen auftragen.

2 Das Schaschlikstäbchen durch das Bohrloch stecken, mit Klebstoff beidseitig die Holzkugeln aufschieben und alles zusammen hellbraun bemalen. Die Wäscheklammern hellblau anmalen, die Holzvöglein aufsetzen und die Klammern am Stäbchen festklammern.

3 Das Organzasäckchen mit Kandiszucker füllen und umbinden oder ein Stück der Rückseite mit Heißkleber am Stiel fixieren. Die Teebeutel und das Zuckerstäbchen anklammern.

4 Den Friesenbaumfuß braun bemalen und die Teefrau mit Holzleim einkleben. Das Kartonschildchen beschriften und auf den Stiel kleben.

VIROPA
Grüntee
Tè verde
VIROPA
Heidelbeere
und Hagebutte
Mirtillo
e Rosa Canina
GUTEN
MORGEN!
Erst mal
einen Tee ...

Bärchen

→ auch für den Muttertag

MOTIVHÖHE
ca. 36 cm

MATERIAL
- Holzkochlöffel mit runder Kelle, ø 6 cm, 35 cm lang
- Acrylfarbe in Gelb und Rot
- Tonkartonreste in Weiß, Gelb und Rot
- Filzrest in Hellblau
- Chenilledraht in Gelb, 18 cm lang
- 3 Holzherzen in Rot, 1,5 cm hoch
- dünner Blumendraht in Schwarz, 2 x 10 cm lang

VORLAGENBOGEN 1A

1 Den gesamten Kochlöffel gelb bemalen, Ohren und Haarbüschel an der Kellenrückseite ankleben, das Gesicht gestalten und als Nase ein rotes Herz aufsetzen. Die Arme aus Chenilledraht mittig an den Stiel kleben und die Händchen an den Enden fixieren. Dem Filzschal die Fransen einschneiden, ihn umbinden und mit etwas Klebstoff fixieren.

2 Das halbkreisförmige Schild auf roten Tonkarton kleben, mit schmalem Rand ausschneiden, beschriften und mit eingestochenem Blumendraht an den Handflächen fixieren. Die Herzchen aufkleben.

Hund

→ netter Freund

1 Die Ohren und die kurzen, türkis bemalten Papierdrahtstücke an der Rückseite der Löffelkelle ankleben, Ohren und Löffel hellblau bemalen und nach dem Trocknen die türkisfarbenen Flecken anbringen. Die Augen malen und das hellblaue Maulteil mit aufgeklebtem Nasenteil und gezeichneten Innenlinien mit Abstandsband aufsetzen.

2 Das Schild rot unterlegen, mit schmalem Rand ausschneiden und beschriften, den Draht durchstechen und mit Heißkleber am Stiel fixieren. Die Klebestelle mit dem roten Halsband aus Wellpappe verdecken. Die Knochen mit Blumendraht anhängen.

MOTIV-HÖHE
ca. 33 cm

MATERIAL
- Holzkochlöffel mit runder Kelle, ø 6 cm, 32 cm lang
- Acrylfarbe in Hellblau, Türkis und Rot
- Tonkartonreste in Weiß und Rot
- Wellpapperest in Rot
- Papierdraht in Weiß, 2 x 2 cm lang
- dünner Messingdraht, 3 x 5 cm und 1 x 15 cm lang

VORLAGEN-BOGEN 3B

MOTIVHÖHE

Tiger ca. 40 cm

Löwe ca. 35 cm

MATERIAL TIGER

- Holzkochlöffel mit runder Kelle, ø 6 cm, 35 cm lang
- Acrylfarbe in Gelb, Hellgrün und Pink
- Tonkartonreste in Gelb, Rot, Pink und Weiß
- Filzrest in Hellblau
- Holzperlen in 3 x Weiß und 1 x Violett, ø 4 mm
- Chenilledraht in Gelb, 18 cm lang
- Aludraht in Schwarz, ø 1 mm, 30 cm lang

LÖWE

- Holzkochlöffel mit runder Kelle, ø 6 cm, 35 cm lang
- Acrylfarbe in Gelb, Pink und Schwarz
- Tonkartonreste in Braun, Hellgelb, Gelb, Pink und Weiß
- 4 Klebepunkte in Weiß, ø 4 mm
- Chenilledraht in Gelb, 18 cm lang
- Aludraht in Schwarz, ø 1 mm, 18 cm lang
- Schaschlikstäbchen, 16 cm lang
- 2 durchbohrte Rohholzkugeln, ø 2 cm

VORLAGENBOGEN 3B

Tigerchen und Löwe

→ mitreißend fröhlich

Tiger

1 Den Löffel gelb bemalen und die Ohren aus farblich passendem Karton und die Arme aus Chenilledraht an der Rückseite fixieren. Die Hände ankleben und den Nasenpunkt aufsetzen.

2 Alle Innenlinien mit schwarzem Filzstift zeichnen. Die schwarze Fellzeichnung mit Filzstift ziehen, dabei vom Löffelrand zur Mitte hin arbeiten. Die Lichtpunkte mit einem weißen Lackstift setzen und die Wangen rot einfärben.

3 Das Schild und das Herz fertigen. Den Aludraht durch eine Hand stechen, das Ende mit dem restlichen Draht verdrehen, eine Perle auffädeln, den Draht zu Schlaufen biegen, durch Schild und Herz stechen – dabei werden weitere Perlen eingearbeitet – und zuletzt den Draht durch die zweite Hand führen und das Ende eindrehen. Den Draht an der Rückseite der Hände mit Klebstoffklecksen fixieren.

4 Den blauen Filzschal umbinden und mit der Rückseite eines Schaschlikstäbchens hellgrüne Punkte auftupfen.

Löwe

1 Den gesamten Löffel gelb bemalen. Beide Teile der Mähne aus Tonkarton ausschneiden, an der Löffelkelle fixieren (siehe Vorlagenbogen) und dazwischen die Ohren ankleben.

2 Je zwei zusammengeklebte Klebepunkte als Augen aufsetzen und die Pupille aufmalen. Den hellgelben Nasenrücken und den pinkfarbenen Nasenpunkt aufsetzen und die Innenlinien zeichnen.

3 Das Chenilledrahtstück an der Stielrückseite fixieren und beidseitig die Händchen ankleben. Die beiden Holzkugeln und den Schaschlikstab schwarz bemalen, die Kugeln nach dem Trocknen mit etwas Klebstoff aufschieben und hinter die Hände kleben.

4 Das beschriftete weiße Schild mit einem pinkfarbenen Karton unterlegen, den Aludraht durchstechen und diesen an der Löffelrückseite fixieren.

Löffel-kerlchen
FÜR MEIN TIGERCHEN
DU GIBST MIR KRAFT!

Giraffe und Rabe

→ wenn mal was schief läuft

MOTIVHÖHE
Giraffe ca. 27 cm
Rabe ca. 21 cm

MATERIAL GIRAFFE
- Holzkochlöffel mit runder Kelle, ø 4,5 cm, 25 cm lang
- Acrylfarbe in Gelb, Hellbraun und Rot
- Tonkartonreste in Gelb, Hellblau und Weiß
- Strickschlauch in Rot, ø 4 cm, 40 cm lang
- Chenilledraht in Gelb, 18 cm lang
- runder Lederriemen in Hellbraun, ø 2 mm, 2 x 5 cm lang
- 4 Holzperlen in Gelb, ø 1 cm
- Holzperle in Weiß, ø 8 mm
- Fieberthermometer mit Hülle, ca. 15 cm lang
- Plastikherz in Rot, ø 8 mm

RABE
- Holzkochlöffel mit runder Kelle, ø 4 cm, 19 cm lang
- Acrylfarbe in Schwarz, Hellblau, Orange und Rot
- Tonkartonreste in Schwarz, Gelb und Weiß
- 2 Klebepunkte in Weiß, ø 4 mm
- Papierdraht in Gelb, 6 cm lang
- Miniwäscheklammer, 2,5 cm lang
- Pflaster

VORLAGENBOGEN 4A

Giraffe

1 Den gesamten Löffel gelb bemalen und nach dem Trocknen die braunen Fellflecken aufmalen. Die Ohren mit gezeichneter Innenlinie seitlich ankleben. Zwei gelbe Holzperlen mit Klebstoff auf die Lederriemen schieben und diese an der Kellenrückseite fixieren. Den Chenilledraht als Arme ankleben und die anderen gelben Holzperlen als Händchen an den Enden fixieren.

2 Das Maulteil mit gezeichneter Mundlinie mit einem Abstandshalter und die beiden Teile der halbierten weißen Holzperle als Augen aufsetzen. Die Pupillen und den Wangenpunkt aufmalen.

3 Den dicken Schal dreimal um den Stiel wickeln und verknoten. Das weiße Schild mit Hellblau unterlegen und beschriften. Das Thermometer zwischen den Armen fixieren (evtl. zusätzlich an den Löffelstiel kleben) und das rote Herz aufsetzen.

Rabe

1 Die Löffelkelle oben schwarz und unten rot und den Löffelstiel hellblau bemalen. Auf der roten Fläche die orangefarbenen Punkte mit einem Schaschlikstäbchen auftupfen.

2 Die Flügel, das Schwänzchen und das Papierdrahtstück mit angesetzten Füßen an der Rückseite der Löffelkelle fixieren.

3 Schnabel und Augen – Klebepunkte mit gemalter schwarzer Pupille – aufsetzen. Die Miniwäscheklammer an die Kelle kleben und darauf das Rabenköpfchen fixieren. Das beschriftete Schild einklammern und zwei schmale Streifen Pflaster über Kreuz aufkleben.

Motivvariante: **Mit aufgeklebten Wackelaugen und orangefarbenen Holzperlen als Füße, die mit etwas Klebstoff auf die Papierdrahtbeine geschoben werden, hält der Rabe ein zusammengefaltetes Geldgeschenk (siehe Seite 1).**

Löffel-kerlchen

MOTIVHÖHE
Schwein ca. 37 cm
Schornsteinfeger ca. 37 cm

MATERIAL SCHWEIN

- Holzkochlöffel mit runder Kelle, ø 6 cm, 35 cm lang
- Acrylfarbe in Rosa, Schwarz und Weiß
- Tonkartonreste in Weiß und Hellrosa
- Tonpapierrest in Grün
- Chenilledraht in Rosa, 7 cm lang
- Aludraht in Schwarz, ø 1 mm, 20 cm lang
- 4 Holzfliegenpilze, 1,5 cm hoch

SCHORNSTEINFEGER

- Holzkochlöffel mit runder Kelle, ø 6 cm, 35 cm lang
- Acrylfarbe in Hautfarbe, Schwarz und Weiß
- Tonkartonreste in Hautfarbe, Schwarz und Weiß
- Tonpapierrest in Hellgrün
- Filzrest in Rot
- Plüschpompon in Rot, ø 7 mm
- Chenilledraht in Schwarz, 12 cm lang, und in Silber, 10 cm lang
- Bast in Natur
- 2 durchbohrte Rohholzkugeln, ø 1 cm
- 2 Holzfüße, 2 cm lang
- Papierdraht in Natur, 2 x 4 cm lang
- Marienkäfer, 1,5 cm lang

VORLAGENBOGEN 4A

Glücksboten

→ zum neuen Jahr oder einfach zwischendurch

Schwein

1 Alle vier Beinchen aus Tonkarton an der Rückseite ankleben und zusammen mit der Löffelkelle rosa bemalen, den Stiel weiß. Die Klauen schwarz färben und das Ringelschwänzchen fixieren.

2 Das Köpfchen gestalten, das kleine Halstuchteil dahinter fixieren und den Kopf mit Abstandsband am Löffel anbringen.

3 Den Aludraht am Stiel ankleben, etwas eindrehen, durch die Klauen stechen und an der Rückseite mit Klebstoff fixieren. Das beschriftete Schild mit grünem Tonkarton unterkleben, mit schmalem Rand ausschneiden und an den Draht kleben. Einige Fliegenpilze aufsetzen.

Schornsteinfeger

1 Die kurzen Papierdrahtstücke als Beinchen an die Löffelkelle kleben, die Holzfüße mit Klebstoff daran fixieren und zusammen mit der Kelle schwarz bemalen, den Löffelstiel weiß.

2 Das Gesichtchen gestalten: einige Basthaare aufkleben, den Zylinder darübersetzen, den Pompon als Nase fixieren und die Innenlinien zeichnen. Dem Filzschal fransige Enden schneiden, ihn locker zusammenbinden und an die Löffelkelle kleben. Das Köpfchen aufsetzen.

3 Die hautfarben bemalten Holzperlen mit Klebstoff auf den schwarzen Chenilledraht schieben und diesen am Stiel ankleben. Den zu Schlaufen gebogenen silberfarbenen Chenilledraht über den Arm legen und am Löffel fixieren.

4 Vier grüne Herzchen ausschneiden, als Kleeblatt aufsetzen und den Glückskäfer darüber kleben. Das grün unterlegte beschriftete Schild direkt am Stiel anbringen.

VIEL GLÜCK
VIEL "SCHWEIN."

MOTIVHÖHE
Hase ca. 43 cm
Küken ca. 42 cm

MATERIAL HASE
- Holzkochlöffel mit runder Kelle, ø 6 cm, 40 cm lang
- Acrylfarbe in Weiß, Hellgrün, Grün, Gelb, Rot, Pink, Violett und Türkis
- Tonkartonreste in Weiß und Gelb
- Holzplatine, ø 2 cm
- Papierdraht in Weiß, 2 x 2 cm lang
- dünner Blumendraht in Schwarz, ca. 30 cm lang
- Schleifenband in Grün-Weiß kariert, 1 cm breit, 30 cm lang

JE KÜKEN
- Holzkochlöffel mit runder Kelle, ø 6 cm, 40 cm lang
- Acrylfarbe in Gelb, Hellgrün, Grün und Schwarz sowie Türkis und Blau bzw. Violett und Pink
- Tonkartonreste in Gelb, Pink, Rot und evtl. Türkis
- Regenbogentonkartonrest in Orange-Rot
- Gummifaden in Rot, ø 1 mm, 2 x 5 cm bzw. 1 x 10 cm lang
- evtl. Bohrer, ø 2 mm

VORLAGENBOGEN 4A+4B

Frohe Ostern!

→ frische Farben im Osternest

Hase

1 Die Kelle weiß und den Stiel hellgrün bemalen und nach dem Trocknen die dunkelgrünen Streifen ziehen. Die Holzplatine rot anmalen, einen weißen Lichtpunkt aufsetzen und als Nase aufkleben. Die Innenlinien malen.

2 Die weißen Tonkartonohren an der Rückseite ankleben und die kurzen Papierdrahtstücke als hochstehendes Haarbüschel fixieren.

3 Weiße Eier aus Karton ausschneiden und bunt bemalen. Das weiße Schild mit gelbem Tonkarton unterlegen, den Blumendraht beidseitig durchstechen und die Enden mit dem Rest verdrehen. Den Draht zu Schlaufen biegen, die Drahtenden durch die Ohren stechen und dahinter fixieren. Die Löcher im Karton vorher mit einer Prickelnadel stechen. Die bunten Eier aufkleben. Das zur Schleife gebundene Karoband am Löffelstiel fixieren.

Küken

1 Beim Küken ohne Hosenbeine zuerst die Löcher bohren und die Bohrränder glatt schmirgeln. Die obere Kellenhälfte gelb bemalen, die untere türkis bzw. violett. Den Löffelstiel hellgrün bemalen und dunkelgrüne Tupfen bzw. Streifen aufsetzen. Im türkisfarbenen Teil blaue Streifen ziehen, im violetten Teil pinkfarbene Tupfen aufsetzen.

2 Auf die türkisfarbenen Kartonhosenbeine blaue Streifen malen und am Kellenrand ankleben. Rote Kordelstücke durch die Füße stecken – Löcher zuerst mit einer Prickelnadel auf einer weichen Unterlage stechen –, die Enden dahinter verknoten und beidseitig hinter den Hosen fixieren oder die Kordel durch die gebohrten Löcher führen und die Füßchen daran befestigen.

3 Flügel und Kamm an der Löffelrückseite ankleben. Den Schnabel aufsetzen, die Innenlinien zeichnen und einige weiße Lichtpunkte setzen.

FROHE
ÖSTERN

Der Winter ist da!

→ endlich Rodelwetter

MOTIVHÖHE
ca. 53 cm

MATERIAL
- Holzkochlöffel mit runder Kelle, ø 6 cm, 45 cm lang
- Acrylfarbe in Weiß, Hellblau und Pink
- Tonkartonrest in Weiß
- Filzrest in Hellblau
- Chenilledraht in Weiß, 6 cm lang
- Schleifenband in Blau-Weiß kariert, 1 cm breit, 1 m lang
- Strukturschnee
- Thermometer auf Holzbrett, 3 cm breit, 18 cm lang

VORLAGEN-BOGEN 4B

1 Den ganzen Kochlöffel weiß bemalen und nach dem Trocknen die Ärmel und den Chenilledraht (Hals) an der Rückseite fixieren. Auf den Draht das gestaltete Köpfchen kleben. Die Enden des Filzschals fransig schneiden, ihn umbinden, mit etwas Klebstoff fixieren und mit einem Schaschlikstäbchen hellblaue Tupfen aufsetzen.

2 Den Strukturschnee mit Wasser mischen, auf den Karton auftragen und trocknen lassen. Danach mit weißer und hellblauer Bastelfarbe schattieren und dieses Schneeteil am unteren Kellenrand ankleben. Die Bärenbeine darüber aufsetzen, das Thermometer darunter einschieben und mit Heißkleber am Stiel fixieren.

3 Das Schleifenband verknoten, an der Rückseite der Kelle fixieren und das Schild mit blau gemaltem Rand auf die losen Enden kleben.

Tipp: Mit einem blauen Buntstift können Schattierungen an Armen und Beinen aufgetragen werden.

Rentier Rudi

→ fröhlicher Weihnachtsbote

MOTIVHÖHE
ca. 37 cm

MATERIAL
- Holzkochlöffel mit runder Kelle, ø 6 cm, 32 cm lang
- Acrylfarbe in Hellbraun, Grün, Rot und Pink
- Tonkartonreste in Weiß und Braun
- Tonpapierreste in Schwarz, Rot und Gold
- Filzrest in Rot
- Chenilledraht in Grün, 18 cm lang
- Rohholzhalbkugel, ø 2 cm
- 2 durchbohrte Rohholzkugeln, ø 2 cm
- Schleifenband in Rot-Weiß kariert, 1 cm breit, 10 cm lang
- Knopf in Rot, ø 1 cm
- 2 Herzen, 1,5 cm hoch
- Rentierköpfchen aus Polyresin, 1,5 cm hoch
- Paketschnur, ca. 20 cm lang
- Jutesack, 14,5 cm breit, 20,5 cm hoch

VORLAGEN-BOGEN 4B

1 Löffelkelle und Holzkugeln braun und den Stiel grün anmalen. Die rot bemalte Halbkugel als Nase aufsetzen und die Innenlinien zeichnen. Die Ohren und das Geweih an der Rückseite fixieren und das schwarze Haarteil aufkleben.

2 Die Chenilledrahtarme mit aufgeschobenen Holzkugeln am Stiel fixieren, den roten Knopf ankleben und das Schleifenband umbinden.

3 Das weiße Schildchen mit rotem Tonpapier unterlegen, mit schmalen Rand ausschneiden, lochen, den Bindfaden durchziehen, die roten Herzen dazufädeln und mit Heißkleber hinter dem Knopf fixieren. Das kleine Rentierköpfchen am Schild fixieren.

4 Das rote Filzherz an den Jutesack kleben, den Sack befüllen und den Löffel einstecken.

Matrose

→ ahoi

MOTIVHÖHE
ca. 42 cm

MATERIAL

- Holzkochlöffel mit runder Kelle, ø 6 cm, 40 cm lang
- Acrylfarbe in Hautfarbe, Hellblau, Weiß und Rot
- Tonkartonreste in Hautfarbe, Weiß und Rot
- Tonpapierreste in Weiß (Schiffchen) und Hellbraun
- Holzplatine, ø 1,5 cm
- 2 Holzhände, 3,2 cm lang
- Chenilledraht in Hellblau, 20 cm lang
- evtl. Mini-Seestern, ø 3,5 cm

VORLAGEN-BOGEN 1A

1 Die Löffelkelle hautfarben bemalen, den Stiel weiß und nach dem Trocknen dort die blauen Streifen ziehen. Die Ohren seitlich ankleben, die rot bemalte Holzplatine mit weißem Lichtpunkt als Nase aufsetzen und die Innenlinien malen. Das Haarteil ankleben und darüber beide Teile der weißen Matrosenkappe mit blauer Bemalung aufsetzen. Den Kragen am unteren Kellenrand fixieren.

2 Den Chenilledraht mittig am Stiel fixieren und seine Enden in die Holzhände kleben. Ein gefaltetes Papierschiffchen an beiden Händen fixieren. Das weiße Schild auf Rot kleben, mit Rand ausschneiden, beschriften und am Papierschiffchen befestigen. Ein rotes Herz und nach Belieben einen Mini-Seestern oder Muscheln einlegen.

Die Autorin

Pia Pedevilla lebt in Bruneck (Südtirol). Sie studierte Kunst in Gröden und Werbegrafik in Urbino. Seit Jahren ist sie im Bereich der Illustration und des Designs für Kinder tätig, entwirft Holz- und Stoffspielzeug, didaktische Spiele für Kinder im Vorschulalter, Lichtobjekte und Teppiche. Viele Jahre hat sie an der Grundschule mit Kindern gebastelt und gemalt. Heute leitet sie Fortbildungskurse für Lehrer, interessierte Erwachsene und Kinder. Im frechverlag hat sie mehrere Bücher über verschiedene Arbeitstechniken veröffentlicht.

www.piapedevilla.com

DIESES BUCH ENTHÄLT 4 VORLAGENBOGEN

IMPRESSUM

FOTOS: frechverlag GmbH, 70499 Stuttgart; Fotostudio Ullrich & Co., Renningen
TEXT: Traudi Prenn
DRUCK: frechdruck GmbH, 70499 Stuttgart

Auflage: 5. 4. 3. 2. 1.
Jahr: 2008 2007 2006 2005 2004 [Letzte Zahlen maßgebend]

ISBN 3-7724-3263-8
Best.-Nr. 3263